t **FULDA.**

ier, Fulda 1900.

1: 9000 d.N.

600 700 800 900 1000 = 1 Kilometer

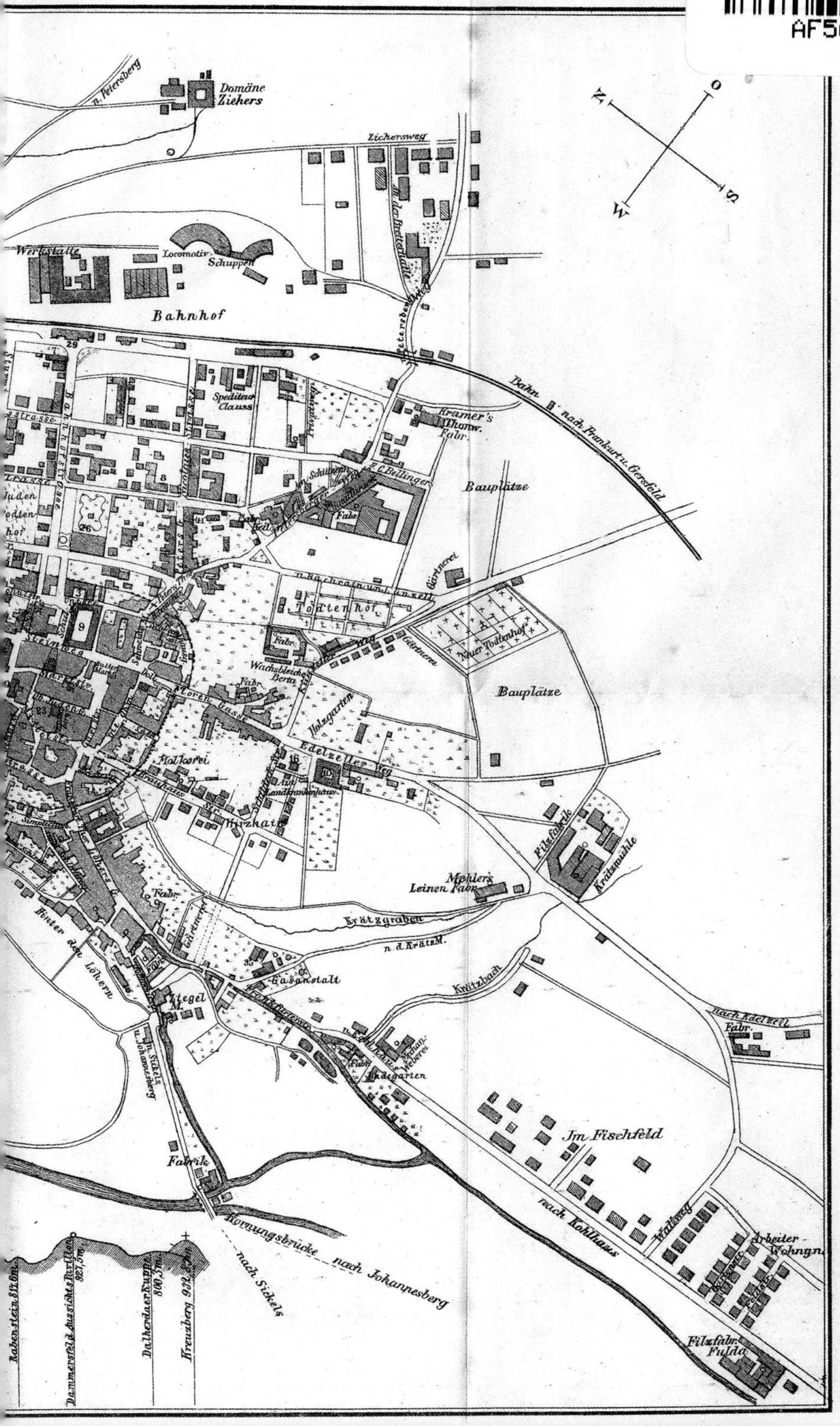

N O S W

n. Petersberg

Domäne Ziehers

Ziehersweg

Werkstätte

Locomotiv-Schuppen

Bahnhof

Bahn nach Frankfurt u. Gersfeld

Spediteur Clauss

Kramer's Ilhonw. Fabr.

F. C. Bellinger

Bauplätze

Juden Todtenhof

26

8

9

3

n. Bachrain und Lunzell

Gärtnerei

Todtenhof

Neuer Todtenhof

Wachsbleiche Berta

Fabr.

Holzgarten

Bauplätze

Edelzeller Weg

16

Molkerei

Landkrankenhaus

Hirzhalle

Filzfabrik

Kratzmühle

Mehler's Leinen Fabr.

Krätzgraben

n. d. Krätz M.

Gasanstalt

Knitzbach

Ziegel M.

nach Edelzell

Fabr.

Fabrik

Im Fischfeld

nach Kohlhaus

Arbeiter-Wohngn.

Filzfabr. Fulda

Hornungsbrücke nach Johannesberg

nach Sickels

Rabenstein 842,6m.

Dammersfeld Aussichtsturm 927,5m.

Dalherdaer Kuppe 800,5m.

Kreuzberg 932,0m.

Der Maiausflug des Jahres 1964 führte viele in den Schlossgarten.

Fulda

Ein Symbol für die weltpolitische Wende Ende 1989: ein Trabant vor dem Ehrenhof des Stadtschlosses.

Thomas Heiler

Fulda

Das 20. Jahrhundert in bewegenden Bildern

SUTTON

Warten auf den Fastnachtsumzug vor der Hauptwache im Jahr 1953.

Einband vorne: 1957 war der Buttermarkt noch ein belebter Platz für den Busverkehr.
Vorsatz: Plan der Stadt Fulda aus dem Jahr 1900.
Seite 5: Die Nordseite des Buttermarkts um 1908. Gleich zwei Drogisten hatten hier ihre Geschäfte, Carl Pauly (Hausnummer 3) und Anton Popp (Hausnummer 9). Das fast 150 Jahre alte Traditionsgeschäft für Haus- und Küchenwaren Kalb schloss Ende 2009 seine Pforten.
Nachsatz: Luftbild der Stadt Fulda von Süden aus dem Jahr 1926.
Einband hinten: Das 1938 modernisierte Rosenbad.

Impressum
Sutton Verlag GmbH
Schweickhardtstraße 1
72072 Tübingen
www.suttonverlag.de

In diesem Buch wird aus Gründen der besseren Lesbarkeit das generische Maskulinum verwendet. Weibliche und anderweitige Geschlechteridentitäten werden dabei ausdrücklich mitgemeint, soweit es für die Aussage erforderlich ist.

2. Auflage 2024
ISBN: 978-3-96303-502-9
Printed in Türkiye by Elma Basim
Gestaltung und Herstellung: Sutton Verlag

Inhalt

Central-Drogerie
Parfümerien
Photographische Manufactur
Haus- & Küchengeräthe.
M. Kalb Sohn.
David Greif.
Buttermarkt.9.
Drogerie
von
Anton Popp.
Buttermarkt.9.

Einleitung

Als man in der Silvesternacht 1899 in Fulda das neue Jahrhundert begrüßte, wohl wissend, dass dieses eigentlich erst mit dem Jahr 1901 beginnen würde, war die Stadt voller Zukunftsoptimismus. Ganz anders hatte es 100 Jahre früher ausgesehen. Zu Beginn des 19. Jahrhunderts wurde Europa von den französischen Revolutionskriegen heimgesucht und das Heilige Römische Reich, das für mehr als ein Millennium mit einem Kaiser an der Spitze als Schutzschirm für die zahlreichen großen und kleinen deutschen Territorien gedient hatte, lag in seinen letzten Zügen. Schon lange galt es als ausgemacht, dass die geistlichen Staaten, die einen Bischof als geistlichen wie weltlichen Landesherrn hatten und die als nicht zukunftsfähig galten, aufgelöst werden sollten. Als schließlich im Oktober 1802 die tausendjährige Herrschaft der Äbte und Bischöfe in Fulda durch den Herrschaftsantritt von Wilhelm Friedrich von Oranien-Nassau beendet wurde, weinte man hier den alten Zeiten kaum eine Träne nach, zumal man den Status einer Residenzstadt behielt. Die Katastrophe folgte mit der Machtübernahme durch Napoleon im Jahr 1806, der das Fuldaer Land durch seine Gouverneure ausplündern ließ. Fulda geriet politisch und wirtschaftlich in eine Randlage und erlebte die ersten zwei Drittel des 19. Jahrhunderts als Dauerkrise.

Davon war beim Jahreswechsel 1899/1900 nichts mehr zu spüren. Die Fuldaer Katholiken feierten den Eintritt in das vom Papst verkündete Heilige Jahr 1900, während die übrigen sich in ihrer ausgelassenen Feierstimmung mehr oder weniger daran erfreuten, dass die Kapelle des seit 1899 in Fulda ansässigen Feldartillerieregiments Nr. 47 am Neujahrsmorgen erstmals einen musikalischen Weckruf erklingen ließ. Es folgten 100 Kanonenschüsse, die als Salut dem neuen Jahrhundert entgegengebracht wurden.

Der Kommentator der „Fuldaer Kreiszeitung“ feierte in der Silvesterausgabe die technischen Errungenschaften des 19. Jahrhunderts durch die Eisenbahn, den Telegrafen und das Telefon, ohne die man sich das Leben nicht mehr vorstellen könne. „Auf eisernen, den ganzen Erdball mehrmals umspannenden Bahnen, auf Drähten, die überall die Luft durchschneiden oder auf dem Meeresboden ruhen, auf unzähligen pfeilgeschwind die Fluthen durchfurchenden Dampfern rast der Verkehr“. Wir mögen heute über solche Feststellungen schmunzeln, doch wer weiß, ob man sich nicht in 100 Jahren über unsere Begeisterung für die Neuerungen der digitalen Welt ebenso amüsiert.

Der Fortschrittsoptimismus sollte in Fulda wie in der gesamten Welt schon bald einen Dämpfer bekommen. Der Untergang der Titanic und der Ausbruch des Ersten Weltkriegs zeigten deutlich, dass es Grenzen der Technik und des nationalistischen Größenwahns gab. Das 20. Jahrhundert war mit seinen zwei Weltkriegen, dem Holocaust und den zahlreichen Völkermorden das dunkelste der Menschheitsgeschichte, zugleich brachte es Neuerungen, die man sich im Jahr 1900 nicht einmal hätte erträumen können.

Nirgendwo besser als in der Stadt- und Regionalgeschichte lässt sich ablesen, wie sehr die Ereignisse auf der großen politischen Bühne in das Leben der Menschen eingreifen. Im Folgenden soll nicht versucht werden, die Geschichte der Stadt Fulda im 20. Jahrhundert in ihren vielfältigen Aspekten zu beschreiben. Dies wäre angesichts der Fülle des Themas vermessen. Wer sich dafür interessiert, dem sei Band 2 der vom Fuldaer Geschichtsverein herausgegebenen Fuldaer Stadtgeschichte (Verlag Parzeller, Fulda 2008) empfohlen.

Es geht im vorliegenden Band darum, in acht chronologischen Kapiteln anhand von eindrucksvollen, bisweilen auch skurrilen Fotografien Schlaglichter auf ein Fuldaer Jahrhundert in seinen glanzvollen Zeiten wie auch in seinen dunkelsten Phasen zu werfen. Trotz der Momentaufnahmen weisen diese Bilder in vielen Fällen auf dahinterstehende Entwicklungen hin, die in den kurz gehaltenen Einleitungen und den Bildunterschriften erläutert werden.

Die Mehrzahl der gezeigten Fotos ist bisher unveröffentlicht und stammt aus dem Fundus des Stadtarchivs Fulda, das es sich schon seit langem zum Ziel gesetzt hat, alle für die Stadtentwicklung wesentlichen Bilddokumente zu archivieren, zu dokumentieren und der Öffentlichkeit zugänglich zu machen. Besonders hervorgehoben sei der knapp eine Million Negative umfassende Bestand des Fotojournalisten Hubert Weber aus dem Zeitraum von 1953 bis 2000, der als Hauptquelle für die zweite Hälfte des 20. Jahrhunderts diente.

Ein Willkommensgruß am Eingang zur Bahnhofstraße für die Beschäftigten des Hessischen Rundfunks anlässlich ihres Betriebsausflugs nach Fulda im Mai 1965.

Neugierige Blicke auf die Baustelle am Universitätsplatz im Jahr 1962.

1

Eine boomende Stadt (1900–1914)

Um 1800 war Fulda zwar noch die Hauptstadt eines kleinen, aber traditionsreichen Fürstbistums im Alten Reich, doch das Ende dieser vermeintlichen Glanzzeit zeichnete sich schon ab.

Mitten in den Napoleonischen Kriegen war klar, dass es für das „Heilige Römische Reich Deutscher Nation“ keine Zukunft mehr gab und schon gar nicht für die sogenannten geistlichen Staaten wie Fulda mit einem Fürstbischof als oberstem weltlichen und geistlichen Herrn. 1802 wurde hier die über tausendjährige weltliche Herrschaft der Äbte und Bischöfe beendet, 1806 trug man das erste deutsche Kaiserreich kläglich zu Grabe. Fulda, das unter Wilhelm Friedrich von Oranien-Nassau noch eine vierjährige bescheidene Blütezeit als weltliche Residenz erlebte, fiel nach 1806 in eine tiefe politische und wirtschaftliche Depression. Nach mehreren Herrschaftswechseln kam man 1816 schließlich zum Kurfürstentum Hessen, das seinerseits 1866 zu einer preußischen Provinz wurde.

Die wirtschaftliche Rückständigkeit des Fuldaer Landes, die in der ersten Hälfte des 19. Jahrhunderts dazu führte, dass die Bevölkerungszahl der Stadt durch hohe Sterberaten infolge der schlechten Ernährung sowie durch die Auswanderung zurückging, konnte erst nach 1866 bekämpft werden. Grund war der Anschluss an die Bahn, die der Stadt neue Perspektiven eröffnete. Die erste Phase der Industrialisierung mit der Entwicklung des heimischen Handwerks zur Großproduktion, die Zuwanderung vom Land sowie Fuldas steigende Attraktivität als Stadt für Beamte und Angestellte der öffentlichen Einrichtungen und schließlich der Aufbau einer Garnison führten zwischen 1870 und 1900 zu einem bis dahin hier noch nicht erlebten Boom. Die Einwohnerzahl der Stadt steigerte sich in diesen 30 Jahren um 37 Prozent von 16.900 auf 23.200.

Mit Georg Antoni hatte Fulda seit 1893 einen Oberbürgermeister, der diese Entwicklung souverän steuerte und dafür sorgte, dass bereits um 1900 bei vielen ein Fortschrittsglaube herrschte. Weitgehend vergessen war die ablehnende Haltung der meist katholischen Fuldaer Bürgerschaft gegen das 1871 von Bismarck geschaffene deutsche Kaiserreich. Aus den meisten Fuldaern waren inzwischen gute Preußen und deutsche Patrioten geworden.

Blick auf die Gummiwerke. Das Foto mit dem Dürkopp-Wagen entstand anlässlich einer Sternfahrt nach Eisenach 1908. Am Steuer sitzt der Geschäftsführer der Gummiwerke Peter Rost.

Werbepostkarte für das Bahnhofshotel aus der Zeit um die Jahrhundertwende. Dem „reisenden Publikum" empfahl man sich mit elektrischem Licht, Zentralheizung, Wecktelefon und Feuermelder.

◂ Erinnerungsfoto der Belegschaft der Mechanischen Straminfabrik Nikolaus Weber in der Frankfurter Straße anlässlich des 25. Firmenjubiläums im Jahr 1900.

Georg Antoni (1862–1945) amtierte als Oberbürgermeister von 1893 bis 1930. In seiner äußerst erfolgreichen Amtszeit wandelte sich Fulda von einer Kleinstadt zu einem bedeutenden Mittelzentrum, das 1927 die Kreisfreiheit erlangte. Der Kunstmaler Josef Hunstiger (1889–1960) schuf 1957 dieses Porträt für die „OB-Galerie".

Der Ehrenhof des Fuldaer Stadtschlosses war der Spielplatz für die Kinder des kommissarischen Fuldaer Landrats und Polizeidirektors Gustav Springorum (1862–1927), der von 1903 bis zu seinem Wegzug 1912 hier nicht nur sein Büro, sondern im nördlichen Ehrenhofflügel mit seiner Familie auch eine Wohnung hatte.

Weniger privilegiert waren diese Kinder zur selben Zeit (um 1910) in der von Armut gekennzeichneten Fuldaer Unterstadt. Das Foto zeigt einen Blick in die Lengsfeldergasse.

Dem Fortschritt weichen mussten 1903 die Häuser am Hitzeplan, dort wo sich heute der Universitätsplatz befindet. Das Foto oben zeigt eine Ansicht Richtung Norden in die Schulstraße zum Bischöflichen Konvikt und zur Kirche der Benediktinerinnen (ganz im Hintergrund). Unten geht der Blick Richtung Westen in die Borgiasstraße. Links ist noch ein kleiner Teil der Stadtpfarrkirche zu erkennen.

Nach dem Abriss der Häuser auf dem Hitzeplan (siehe links) entstand auf der Freifläche eine repräsentative Grünanlage. An deren zum Bahnhof zugewandter Seite errichtete man 1905 ein Denkmal für den deutschen Kaiser Friedrich III., der 1888 nach nur 99-tägiger Regentschaft verstorben war. Die Anlage wurde deshalb als Friedrichsplatz oder auch Kaiserplatz bezeichnet (von 1937 bis 1945 Platz der SA, seit 1945 Universitätsplatz).

Ein Teil des Neubaus der Artilleriekaserne an der heutigen Marquardstraße. Das Foto entstand kurz vor der Fertigstellung 1901.

Das 1902 erbaute Casino für die Offiziere des Artillerieregiments stand im Bereich des heutigen Behördenzentrums am Schlossgarten. Die rechts zu erkennende Kurfürstenstraße war eigens für das Militär gebaut worden.

Einen Blick in die Marktstraße gewährt diese Postkarte um 1905.

Die Karlstraße mit Blick in Richtung Buttermarkt auf einer Postkarte um 1905.

Die 1904 in Fulda durchgeführte Gewerbeausstellung war eine Leistungsschau der heimischen Unternehmen, die zeigen konnten, dass sie mit ihren Produkten auf der Höhe der Zeit lagen. Für Fulda war diese bis dahin größte kommerzielle Veranstaltung der Schritt in ein neues Zeitalter.

Der Viehmarktplatz befand sich seit den 1820er-Jahren im Bereich des heutigen Heinrich-von-Bibra-Platzes zwischen der Linden- und der Heinrichstraße. Das Foto von 1910 zeigt die große Fläche, an deren unterem Ende heute die 1931 errichtete Hochschul- und Landesbibliothek steht. ►

Ein Blick in den Wartesaal erster Klasse am Fuldaer Bahnhof um 1910.

Blick in die Rollstube der Kerzenfabrik Rübsam, Am Hopfengarten. Das 1911 entstandene Bild zeigt die Arbeiterinnen beim Wickeln der langen Wachsschnüre zu einem Wachsstock.

Bis zu ihrem Wegzug 1908 betrieb die Modistin Clara Fleischmann ein Geschäft für Damenhüte am Friedrichsmarkt 14.

Blick von der Leipziger Straße zum Gerloser Weg und zum Frauenberg auf einer Postkarte um 1910. Die Adalbertstraße war zu diesem Zeitpunkt schon fertiggestellt, während die zum Betrachter hin liegende Seite des Gerloser Wegs ebenso noch unbebaut ist wie die heutige Josefstraße und die Hundeshagenstraße.

Ein Erinnerungsfoto des Faschingsvereins der Jungtürken 1913, aufgenommen und als Postkarte versandt 1914.

Mitglieder des Naturheilvereins vor ihrer Hütte in den Fuldaauen.

2

Der „Große Krieg" (1914–1918)

Die rasante Entwicklung Fuldas wurde durch den Ersten Weltkrieg jäh unterbrochen. Wie überall im Reich war Ende Juli 1914 die Kriegsbegeisterung in Fulda bei vielen groß, doch gerade bei jenen, deren Angehörige den Einsatzbefehl zur Front erhalten hatten, war die Bedrückung zu spüren. Schon im Herbst 1914 füllten sich die Todesanzeigen in den heimischen Zeitungen mit den Namen von jungen, teils gerade erst aus der Schule entlassenen Männern, die auf „dem Feld der Ehre" ihr Leben lassen mussten.

In den ersten Kriegsmonaten war die Welle der Hilfsbereitschaft für die an der Front stehenden Soldaten besonders groß. Überall in der Stadt wurde zu Spenden aufgerufen. Seit 1915 machten sich auch in Fulda die Versorgungsengpässe bemerkbar. Im Februar jenes Jahres wurden die ersten Lebensmittelkarten ausgeteilt. Staatliche Stellen riefen die Hausfrauen zu einem sparsamen Umgang mit den Rohstoffen auf. Die Kartoffeln wurden als Grundnahrungsmittel anstatt des Brots propagiert. Als mit der Zeit auch die Fette knapp wurden, hielt man die Schulkinder zur Sammlung von Bucheckern und Obstkernen an, um daraus Öl herzustellen. Nachdem durch die Kartoffelfäule 1916 auch der Ertrag des wichtigsten Nahrungsmittels einbrach, standen im harten „Steckrübenwinter" 1916/17 nur noch Steckrüben zur Verfügung, die in allen Variationen verarbeitet wurden. Viele Fuldaer litten 1917/18 unter großem Hunger. Von Kriegsbegeisterung war zu dieser Zeit nichts mehr zu spüren.

Mehrere Tausend Verwundete wurden während des Kriegs im Landkrankenhaus und in den Reservelazaretten wie etwa im Stadtschloss, dem Stadtsaal der Orangerie oder auf dem Frauenberg versorgt. Die wachsende Unzufriedenheit, Resignation und Kriegsmüdigkeit waren in Fulda seit 1917 überall greifbar. Das Kriegsende wurde im November 1918 von vielen als eine Erlösung betrachtet.

Während der gesamten Kriegszeit standen etwa 3.500 Fuldaer Soldaten auf den Schlachtfeldern, etwa 500 kamen nicht mehr zurück. An der Leipziger Straße erinnert ein Ehrenmal an die Gefallenen des 47. Kurhessischen Feldartillerie-Regiments und auf dem Zentralfriedhof befindet sich das städtische Ehrenmal für die Gefallenen des Ersten Weltkriegs.

Der grosse Weltkrieg

Mit Gott für Kaiser u. Reich

Krieg!

– mit elementarer Gewalt klingt es durchs deutsche Land. Das Gewitter, dessen bleierne Schwüle schon lange auf uns lastete – nun ist es losgebrochen. Der Donner rollt, die Blitze zucken. Daß es so weit kam, – wahrlich, es ist nicht deutsche Schuld. Gott weiß es, daß unser Volk u. sein Kaiser an der Spitze den Frieden geliebt u. gewollt hat bis zuletzt. Aber „es kann der Beste nicht im Frieden leben, wenn es dem bösen Nachbar nicht gefällt" – das allbekannte, so oft gehörte Wort, auch hier wurde es Wahrheit. Des deutschen Wesens u. der deutschen Tüchtigkeit Fortschritte in der Welt sind unseren Feinden in Ost u. West ein Dorn im Auge gewesen. Die zu vernichten, ist doch zuletzt der Zweck dieses mit aller Heimtücke u. Erbärmlichkeit von unseren Feinden heraufbeschworenen Krieges. Und während sie nach außen noch schöne Worte redeten von Frieden u. immer wieder von Frieden, arbeiteten sie im geheimen schon lange fieberhaft an ihrer Rüstung. Hören wir die

Vorgeschichte des Krieges!

Das Auswärtige Amt hat für den Reichstag ein Weißbuch zusammengestellt, in dem die wichtigsten Dokumente aus der Vorgeschichte des Krieges vereinigt sind. Ich will auch in dieser „Schulchronik" das wichtige welthistorische Dokument für alle Zeiten festhalten.

I. Der Kaiser an den Zaren.

28. Juli 10,45 p. m.

Mit der größten Beunruhigung höre ich von dem Eindruck, den Österreich-Ungarns Vorgehen ~~gegen Serbien getrieben~~ in Deinem Reiche hervorruft. Die skrupellose Agitation, die seit Jahren in Serbien getrieben worden ist, hat zu dem empörenden Verbrechen geführt, dessen Opfer Erz=

In der Chronik der evangelischen Schule berichtet der Rektor Johann Adam Hofmann euphorisch über den „grossen Weltkrieg": „Das Gewitter, dessen bleierne Schwüle schon lange auf uns lastete – nun ist es losgebrochen". Für den Kriegsausbruch macht er die Feinde des deutschen Volks „in Ost und West" verantwortlich.

Schulentlassung im Kriegsjahr 1916 an der Domschule: Lehrer Joseph Vonderau hatte zwei Jahre zuvor seinen Sohn beim Kriegseinsatz in Frankreich verloren.

Postkarte der „Einjährigen“ der Oberrealschule (Vorgängerin der Freiherr-vom-Stein-Schule). Den „Einjährig-Freiwilligen“, die sich freiwillig zum Militär gemeldet und an einer Oberschule erfolgreich die Mittlere Reife bestanden hatten, stand nach einer militärischen Grundausbildung die Offizierslaufbahn offen.

Nach den militärischen Erfolgen im Osten veranstalteten im August 1915 Schüler der Oberrealschule mit der Kapelle des Artillerieregiments einen Fackelzug durch die Stadt. Das Bild zeigt eine Szene beim nördlichen Ehrenhofflügel des Stadtschlosses.

Karlheinz Georg

Die Geburt eines

kräftigen Kriegsjungen

zeigen hocherfreut an

Fulda, den 2. Mai 1918

Georg Steyer u. Frau
Drogerie zum Krokodil.

Der Drogist Georg Steyer zeigte sich 1918 „hocherfreut“ über die Geburt eines „kräftigen Kriegsjungen“. Mit dieser patriotischen Begeisterung stand er am Ende des Kriegs, als die Bevölkerung an der „Heimatfront“ vor Hunger und allgemeiner Auszehrung längst mit ihren Kräften am Ende war, ziemlich allein („Fuldaer Zeitung“ vom 2. Mai 1918).

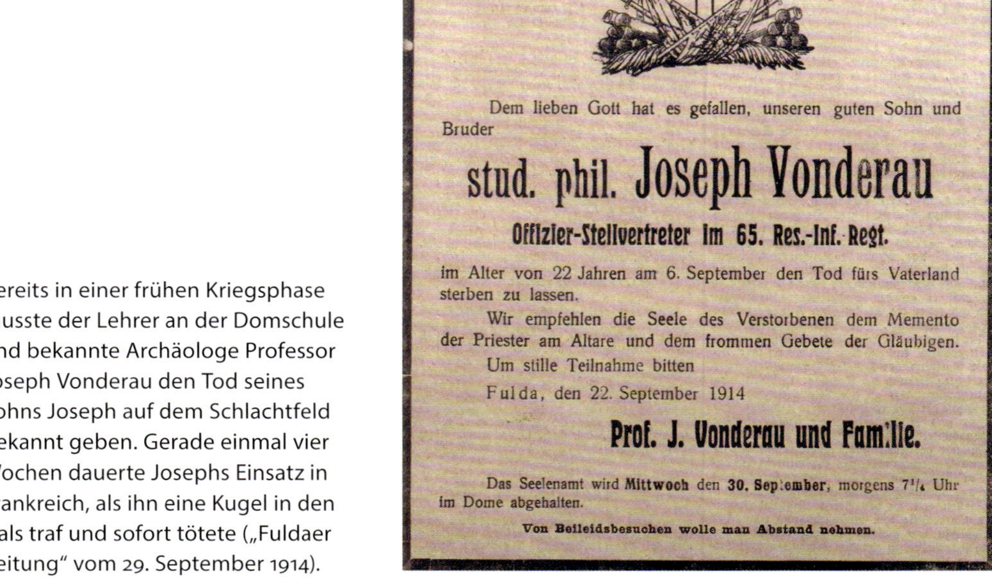

Dem lieben Gott hat es gefallen, unseren guten Sohn und Bruder

stud. phil. Joseph Vonderau

Offizier-Stellvertreter im 65. Res.-Inf.-Regt.

im Alter von 22 Jahren am 6. September den Tod fürs Vaterland sterben zu lassen.

Wir empfehlen die Seele des Verstorbenen dem Memento der Priester am Altare und dem frommen Gebete der Gläubigen.

Um stille Teilnahme bitten

Fulda, den 22. September 1914

Prof. J. Vonderau und Familie.

Das Seelenamt wird **Mittwoch** den **30. September**, morgens 7¼ Uhr im Dome abgehalten.

Von Beileidsbesuchen wolle man Abstand nehmen.

Bereits in einer frühen Kriegsphase musste der Lehrer an der Domschule und bekannte Archäologe Professor Joseph Vonderau den Tod seines Sohns Joseph auf dem Schlachtfeld bekannt geben. Gerade einmal vier Wochen dauerte Josephs Einsatz in Frankreich, als ihn eine Kugel in den Hals traf und sofort tötete („Fuldaer Zeitung“ vom 29. September 1914).

Eine angenehme

Abwechslung im Schützengraben

sind meine **Konserven,** zum Kalt- und Warmessen. : Eigenes Fabrikat.

Cornedbeef (Kraftfleisch) Dose von	85 ₰ an	Kalbsbraten . . . . „ „	100 ₰ an
Wiener Würste in Sauce „ „	70 ₰ an	Gänsebraten . . . . „ „	120 ₰ an
Rinderbraten (Rostbeef) „ „	100 ₰ an	Zunge . . . . . . „ „	120 ₰ an

Wurst- u. Konservenfabrikation **Gustav Grünberg**

Mittelstrasse 28, neben Warenhaus Baer & Co.

447

Für unsere Soldaten!

Hemden, Unterjacken, Hosenträger, Strickjacken, Brustschützer, wollene Socken, Pulswärmer, Kniewärmer, Kopfschützer, Unterhosen, wasserdichte Westen, Strickwesten, Leibbinden, Strümpfe, gestrickte Handschuhe, Fußschlüpfer, Ohrenschützer, **Oelstoff-Mäntel,** bester Schutz gegen Nässe!

Sämtliche Artikel in besten Qualitäten und zu billigsten Preisen!

Franz Köhler

Fulda Löherstraße 16/18 Fulda.

Der Fuldaer Handel stellte sich schnell auf die neue Situation ein und empfahl sich seiner Kundschaft mit Produkten für die Väter, Ehemänner und Söhne im Feld. Die beiden Anzeigen stammen aus dem zweiten Kriegsjahr 1915.

Während der Kriegsjahre verschärfte sich die Versorgungssituation in Fulda dramatisch. Die Lebensmittel wurden rationiert und man musste auf Ersatzprodukte ausweichen, um den Bedarf zu befriedigen. Dies galt auch für Kleidung aller Art. Das Plakat und die Anzeige erschienen 1918.

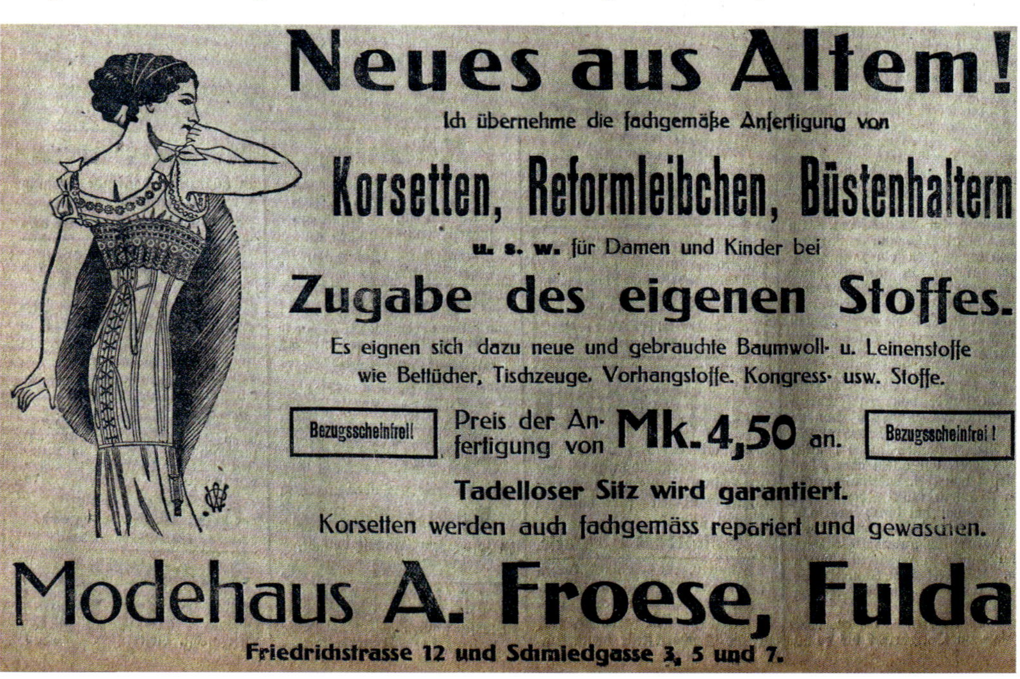

Eine „Erinnerung an das erste Kriegsjahr 1914" aus der Werkstatt der Firma Klein & Stiefel, in der statt Holzbearbeitungsmaschinen Granaten produziert wurden.

In den Emaillierwerken Bellinger, hier eine Aufnahme nach dem Ersten Weltkrieg, wurden seit 1914 ebenfalls Rüstungsgüter hergestellt.

Verhalten bei Luftangriffen.

1. Ruhe und Besonnenheit! Keine Hast!
2. Ins Freie wirkende Lichter löschen oder voll abblenden! Notbeleuchtung bereithalten! Vorsicht mit Gas!
3. Hauseingänge für Schutzsuchende zugänglich machen!
4. Aufenthalt im Freien, an Fenstern und Türen gefährlich!
5. Hochgelegene Räume verlassen! Schutz unter und hinter massiven Mauern suchen (untere Stockwerke, Keller, Fensterpfeiler!) Keine größeren Ansammlungen in einzelnen Räumen!
6. **Im Freien hinlegen, in Vertiefungen, Gräben!**
7. **Fuhrwerke halten! Pferde anbinden, Deckung suchen!**
8. Bei geplatzten und nicht geplatzten Bomben Räume und Plätze in weitem Umkreise sofort verlassen und strenge meiden wegen Explosions- und schwerer Vergiftungsgefahr! Nichts anrühren! Sofort Polizei melden!
9. Beschmutzung des Körpers und der Kleidung mit Flüssigkeiten von Bomben vermeiden!
10. Einatmen von Gasen vermeiden! Atem anhalten, feuchtes Tuch vor Mund und Nase!
11. **Bei eingeatmetem Gas sofort Arzt holen!** Oel, Milch, alkoholische Getränke als Gegenmittel **nicht** geben! Sofort ins Freie bringen! Wenn nötig, **künstliche Atmung,** Sauerstoff-Einatmungen!
12. **Auch nach dem Angriff keine Ansammlungen und kein unnützes Geschwätz!**
13. Ferngespräche während und unmittelbar nach einem Fliegerangriff nur in Brand-, Unglücksfällen, bei lebensgefährlicher Erkrankung: Gewähr für Verbindung ist nicht gegeben! Polizei melden!
14. Feuermelder nur für wirkliche Brandfälle benützen!

Der Ruf durch das Sprachrohr vom Pfarrkirchturm: Flieger bedeutet Gefahr.

Bereits im Ersten Weltkrieg fürchtete man sich vor Luftangriffen. Fuldas Bevölkerung wurde seit 1917 mit diesem Plakat vor Angriffen gewarnt. Der Türmer auf der Stadtpfarrkirche sollte mit einem „Sprachrohr" die Fuldaer bei einem Angriff alarmieren.

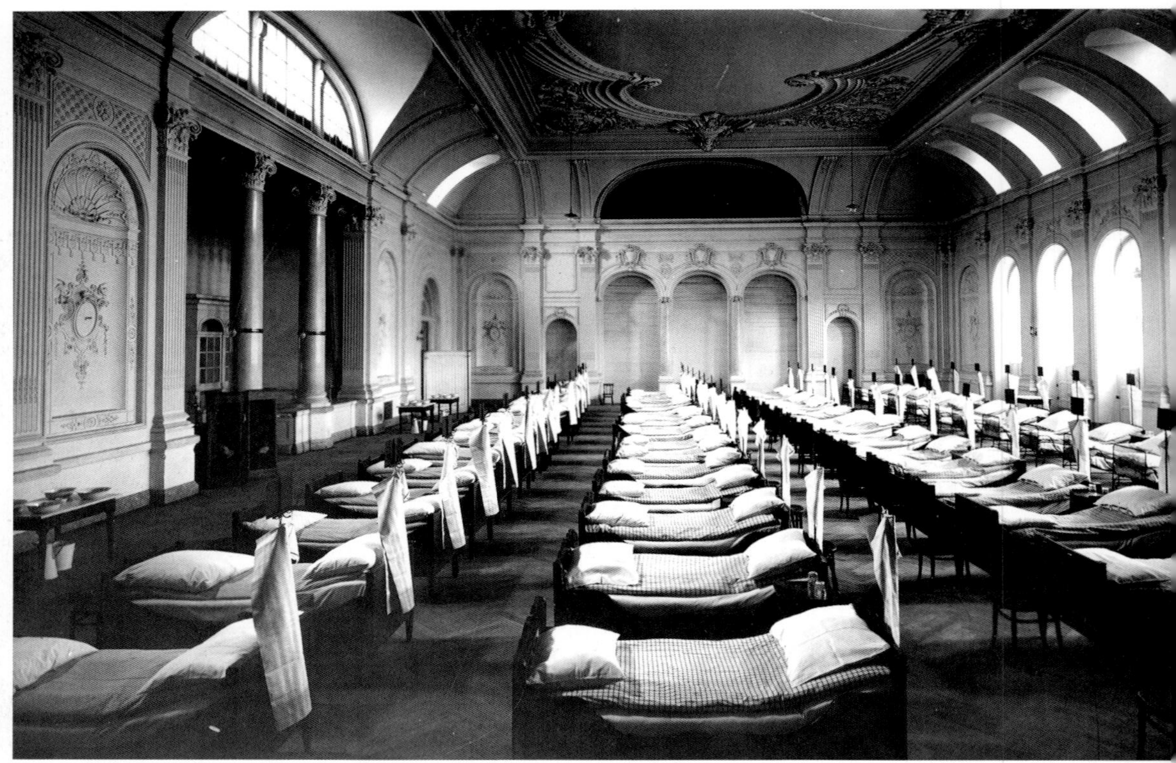

Der Stadtsaal diente im Ersten Weltkrieg als Reservelazarett.

Mit dem Tod Annas von Preußen, besser bekannt als Landgräfin Anna, ging im Juni 1918 für die Fuldaer schon ein halbes Jahr vor der Abdankung Kaiser Wilhelms II., eines Großcousins von Anna, eine Ära zu Ende. Die zum Katholizismus konvertierte Landgräfin wurde im Fuldaer Dom bestattet. Das Foto zeigt den Trauerzug vor der Stadtpfarrkirche.

Bürger von Fulda!

Am Mittwoch den 13. November,

vormittags 10 Uhr, findet im **mittleren Schloßhof** eine

große Volksversammlung

statt.

Es soll deren vornehmste Aufgabe sein, den **Arbeiterrat** zu wählen, der in der Uebergangszeit die Geschicke unserer Stadt und unter späterer Hinzuwahl eines **Bauernrats** auch die des **Kreises Fulda** in die Hand nehmen soll.

Alle männlichen Personen der Stadt, die sich am Eingang zum Schloßhof durch Lebensmittelausweis oder Militärpapiere ausweisen müssen, haben Zutritt zu der Versammlung und sind wahlberechtigt.

Mitbürger! Eine verantwortungsvolle Entscheidung hat die Volksversammlung zu treffen. Es ist daher Pflicht eines jeden zu erscheinen und sein Wahlrecht auszuüben.

Fabriken und **Werkstätten** sind **vormittags zu schließen,** doch muß erwartet werden, daß die Arbeiter am Nachmittage wieder ihrer Berufsarbeit nachgehen.

Alle Geschäfts- und Büroinhaber sind verpflichtet, ihren Angestellten freie Zeit zur Ausübung des Wahlrechts zu geben.

Stimmzettel werden am Eingang zum Schloßhof verteilt.

Alle ernsten Männer, die um das Wohl und Wehe der Bürgerschaft Fuldas besorgt sind, wollen es als Ehrensache betrachten, an Versammlung und Wahl teilzunehmen.

Ernst ist die Stunde, heilig die Pflicht!

Der vorläufige Arbeiterrat:

Edmund Rühl, Stadtverordneter.
Wilh. Frank, Volksvereinssekretär.
Wilh. Spielmann, Schneidermeister.

Mit diesem Plakat wurde im November 1918 auch in Fulda die Revolution umgesetzt. Eine Volksversammlung sollte einen Arbeiterrat wählen, der für relativ kurze Zeit die Stadtpolitik mitbestimmte, während Oberbürgermeister Antoni davon unbeeindruckt im Amt blieb.

3

Revolution und Inflation (1919–1933)

Die Abdankung des Kaisers und die Ausrufung der Republik im November 1918 markierten zwar eine politische Zeitenwende, doch auf kommunaler Ebene änderte sich weniger, als man bei einer solchen Zäsur erwarten konnte. Oberbürgermeister Antoni blieb weiter im Amt, auch wenn ihm zu Beginn des Jahres 1919 noch ein Arbeiter-und Soldatenrat zur Seite gestellt wurde, der aber schon bald an Einfluss verlor. In Fulda erreichte die Revolution 1918/19 längst nicht solche Ausmaße wie in den Großstädten. Während der gesamten Weimarer Republik war hier die Politik nicht von einer solchen Schärfe getragen wie andernorts.

Auch an der politischen Grundtendenz änderte sich in Fulda in dieser Zeit wenig, obwohl neben der nach wie vor unangefochten dominierenden Zentrumspartei nun mehr Akteure mitmischten und sich auch Sozialdemokraten, Liberale und Kommunisten stärker als bisher in die Diskussionen einbrachten. Dies lag nicht zuletzt daran, dass seit 1919 alle Männer und Frauen über 21 Jahren mit deutscher Staatsbürgerschaft das Wahlrecht besaßen.

Fulda war in den Zwanzigerjahren keineswegs eine „Insel der Seligen", insbesondere nicht während der Zeit der großen Inflation 1923, als viele Barvermögen sich in Luft auflösten, und auch nicht seit der 1929 ausgebrochenen Weltwirtschaftskrise. Diese führte auch in Fulda zu einer rasch anwachsenden Verarmung und einem rapiden Anstieg der Arbeitslosigkeit auf zehn Prozent.

In der Weimarer Republik stieg Fuldas Einwohnerzahl längst nicht mehr so stark wie vor dem Ersten Weltkrieg, doch die schon 1919 erreichte Schwelle von 25.000 Einwohnern erlaubte es der Stadt, den Antrag auf die Kreisfreiheit zu stellen, ein Wunsch, der sich 1927 erfüllte.

1930 ging die lange Ära des Oberbürgermeisters Antoni zu Ende. Zu seinem Nachfolger wurde der junge Jurist Franz Danzebrink von der Zentrumspartei gewählt, der als Verwaltungsfachmann zunächst eine glückliche Hand bewies und bis Frühjahr 1933 offen vor den Nationalsozialisten warnte. Obwohl das Zentrum bei den Kommunalwahlen am 12. März 1933 mit 56 Prozent gegenüber 24 Prozent der NSDAP deutlich siegte und 19 von 32 Stadtverordneten stellte, wurden diese unter Missachtung des Wählerwillens bis Juli 1933 durch die Nazis aus dem Amt gedrängt.

Das Luftbild mit Blickrichtung von West nach Ost über die Innenstadt entstand im Herbst 1926. Hinter dem Bahnhof im Hintergrund ist noch alles unbebaut. Rechts oben ist neben dem Wasserturm die Domäne Ziehers zu erkennen. Erst später bebaut wurde das Eckgrundstück Bahnhofstraße / Rabanusstraße mit den Elektrizitätswerken Fulda sowie der Heinrich-von-Bibra-Platz mit der Landesbibliothek.

Auf den beiden Luftbildern von 1926 sind die gemessen an der Beschäftigtenzahl größten Fuldaer Industriebtriebe zu erkennen, oben die Mehler AG und unten die Emaillierwerke Bellinger.

Mit Werbemarken machte in den Zwanzigerjahren die Fuldaer Wachsindustrie auf ihre Produkte aufmerksam.

Der Kolonialwarenladen Bonifaz Josef Ruppel (Unterm Heilig Kreuz 2, rechts) und der Seilerladen des Wilhelm Hausmann (Unterm Heilig Kreuz 4), hier auf einer Aufnahme um 1918, waren Fuldaer Traditionsgeschäfte im Zentrum der Stadt. ►

Wilhelm Hausmann.
B.J.R
Seiler - Waaren.

Welchen Verkehr der Polizist an der Ecke Karlstraße / Brauhausstraße regelt, bleibt unklar. Die Aufnahme von 1925 zeigt das von Minna Schwarz betriebene „Gasthaus zur Germania" in der Karlstraße 25. Im Hintergrund die Lederwarenhandlung Winkler.

Geschäftiges Treiben herrschte Mitte der Zwanzigerjahre am Friedrichsmarkt (heute: Unterm Heilig Kreuz).

Dem großen Wohnungsmangel suchte man in der Weimarer Republik mit Maßnahmen im sozialen Wohnungsbau zu begegnen. So errichtete der Bauverein für den Kreis Fulda 1925 Zwei- und Dreizimmerwohnungen am Zickegarten 3–7 (heute: Dientzenhoferstraße).

Bäckerei
Conditorei
F. Farntrog
F. Farntrog

Im März 1932 eröffnete der Metzgermeister Karl Strupp die Wirtschaft „Bretterhalle" an der Petersbergerstraße.

◂ Der Gemüsemarkt mit der Bäckerei Jestädt (Nr. 14) und dem Webwarengeschäft des Feist Farntrog (Nr. 12) sowie dem Harstallbrunnen. Die jüdische Familie Farntrog emigrierte 1938 in die USA.

Das Lehrerkollegium des Domgymnasiums im Jahr 1925.

Ansicht der Firma Klein & Stiefel an Vierzehnheiligen 1926. Im Hintergrund ist der noch unbebaute Südosthang des Aschenbergs zu sehen. ▸

Gastzimmer

Speiseraum

Seit Anfang des Jahrhunderts war Adolf Odenwald der Inhaber des Gasthofs „Zur goldenen Krone". Die Postkarte stammt aus den frühen Dreißigerjahren.

Plakattafel zur Reichstagswahl am 14. September 1930. In Fulda kam die Zentrumspartei auf 47 Prozent der Stimmen, die NSDAP erreichte 13 Prozent.

Nationalsozialistische Freiheitsbewegung

Ortsgruppe Fulda.

Wahlversammlung

Donnerstag – 13. Nov. abd. 8. Uhr.
im evg. Gemeindehaus
spricht: Dr. Salzmann-Frankf.
über: Kriegsschuldfrage.

Die Nationalsozialistische Freiheitsbewegung (NSFB) plakatierte zur Reichstagswahl 1924 auch in Fulda. Nach dem Verbot der NSDAP infolge des gescheiterten Hitlerputschs versuchte die nur kurzfristig bestehende NSFB weiter im Sinne der NS-Ideologie zu agitieren. In Fulda erreichte die Gruppe aber nur 2,3 Prozent der Stimmen.

4

Unter der NS-Diktatur (1933–1945)

Wenn im gesamten Deutschen Reich die NSDAP bei den Reichstagswahlen im März 1933 wie in Fulda nur 27 Prozent der Stimmen und nicht 44 Prozent erhalten hätte, wäre es für die Nationalsozialisten viel schwerer geworden, ihre Macht in so kurzer Zeit mit Terror, Gewalt und Rechtsbruch durchzusetzen. Unter dem Druck der reichsweiten Ereignisse wurde auch in Fulda der anfängliche Widerstand der demokratischen Parteien gegen die sich etablierende NS-Diktatur in kürzester Zeit gebrochen. Viele gingen in die innere Emigration, wenige leisteten Widerstand und einige wie etwa der Oberbürgermeister Franz Danzebrink arrangierten sich mit dem neuen System.

Starker Mann in der Kommunalpolitik war nun Karl Ehser, ein NSDAP-Parteimann der ersten Stunde, der Danzebrink als Bürgermeister zur Seite gestellt worden war und dafür sorgte, dass Fulda im Sinne der NS-Ideologie regiert wurde. Erster Ausdruck hierfür war im April 1933 die Umbenennung des Friedrichsmarkts in Adolf-Hitler-Platz und die gleichzeitige Ernennung von Hitler und Hindenburg zu Ehrenbürgern der Stadt.

In der Folge wurden auch in Fulda die menschenverachtende Diktatur umgesetzt, politische Gegner verfolgt und die jüdische Bevölkerung sowie die Sinti und Roma ausgegrenzt, drangsaliert und in die Konzentrationslager deportiert, wo allein mehr als 250 jüdische Bürgerinnen und Bürger der Stadt ermordet wurden. Der offene Widerstand blieb auf wenige beschränkt, während die Mehrheit der Bevölkerung und auch die beiden großen Kirchen sich aus Angst abwartend verhielten, anpassten oder gar aktiver Teil des Systems wurden.

Der Krieg, den das Deutsche Reich nach außen getragen hatte, kam seit 1944 unbarmherzig auch über Fulda zurück. Bei mehreren alliierten Luftangriffen kamen etwa 1.600 Menschen ums Leben, mehr als in jeder anderen Stadt vergleichbarer Größe. Allein im Krätzbachtunnel, der als Bunker genutzt wurde, kamen am 27. Dezember etwa 700 Menschen ums Leben. Darunter befanden sich auch viele Zwangsarbeiter.

Das 1200. Fulda-Jubiläum stand im März 1944 ganz unter dem Einfluss der Nationalsozialisten und ließ trotz der allgegenwärtigen Propaganda in der harten Kriegszeit keine Festfreude aufkommen.

Mit dem Antrittsbesuch des Oberpräsidenten der Provinz Hessen-Nassau Philipp von Hessen (vorne in der Mitte) im Kaisersaal des Stadtschlosses wurde im Juli 1933 die „Gleichschaltung“ der städtischen Vertretungsorgane feierlich vollzogen. Links hinter Philipp ist der Gauleiter Karl Weinrich zu sehen. Die städtischen Vertreter sind ganz rechts Oberbürgermeister Franz Danzebrink (sitzend) und Bürgermeister Karl Ehser (stehend).

Oberbürgermeister Franz Danzebrink (rechts) überreicht 1939 an Gauleiter Karl Weinrich die Ehrenbürgerurkunde der Stadt Fulda.

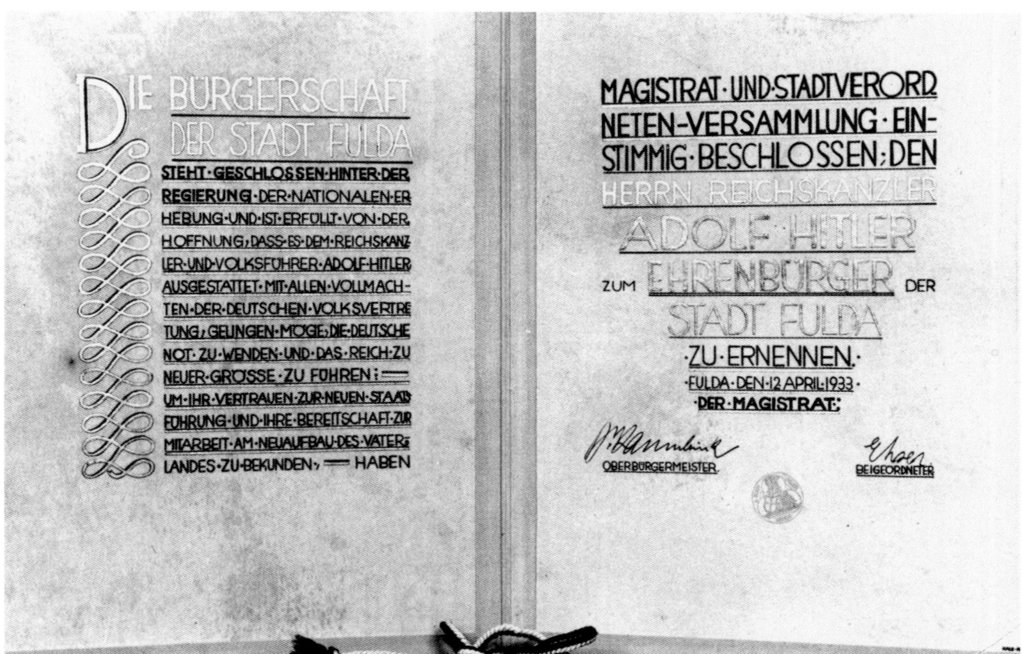

DIE BÜRGERSCHAFT
DER STADT FULDA
STEHT·GESCHLOSSEN·HINTER·DER
REGIERUNG·DER·NATIONALEN·ER
HEBUNG·UND·IST·ERFÜLLT·VON·DER
HOFFNUNG, DASS·ES·DEM·REICHSKANZ
LER·UND·VOLKSFÜHRER·ADOLF·HITLER
AUSGESTATTET·MIT·ALLEN·VOLLMACH-
TEN·DER·DEUTSCHEN·VOLKSVERTRE
TUNG, GELINGEN·MÖGE, DIE·DEUTSCHE
NOT·ZU·WENDEN·UND·DAS·REICH·ZU
NEUER·GRÖSSE·ZU FÜHREN:
UM·IHR·VERTRAUEN·ZUR·NEUEN·STAATS
FÜHRUNG·UND·IHRE·BEREITSCHAFT·ZUR
MITARBEIT·AM·NEUAUFBAU·DES·VATER
LANDES·ZU·BEKUNDEN, HABEN

MAGISTRAT·UND·STADTVERORD
NETEN-VERSAMMLUNG·EIN-
STIMMIG·BESCHLOSSEN; DEN
HERRN REICHSKANZLER
ADOLF HITLER
ZUM EHRENBÜRGER DER
STADT FULDA
·ZU·ERNENNEN.·
·FULDA·DEN·12·APRIL·1933·
·DER·MAGISTRAT:

OBERBÜRGERMEISTER.
BEIGEORDNETER

Im April 1933 beschlossen die Stadtverordneten die Verleihung der Ehrenbürgerwürde an den Reichspräsidenten Paul von Hindenburg und den Reichskanzler Adolf Hitler. Das Foto zeigt die Urkunde für Hitler, nach dem auch der Platz vor der Stadtpfarrkirche (heute: Unterm Heilig Kreuz) benannt wurde.

Aufmarsch der SA im Jahr 1934 anlässlich des zehnjährigen Bestehens der NSDAP-Ortsgruppe Fulda.

Parteiveranstaltung auf dem Adolf-Hitler-Platz Mitte der Dreißigerjahre.

Fulda hieß 1937 die „Alte Garde“ willkommen. Darunter verstand man die frühen Mitglieder der NSDAP, die sich teilweise auch am Hitlerputsch 1923 beteiligt hatten. ▸

Rekrutenvereidigung mit Pfarrer Wilhelm Bohlender (hinten) und dem Militärgeistlichen Generosus Marquardt im Jahr 1936.

Als „Stadt des deutschen Barocks" präsentierte sich Fulda in diesem Reiseführer des Jahres 1937.

Blick von der Lindenstraße in die Petersgasse im Jahr 1933.

Die Schalterhalle der Sparkasse Fulda im Kanzlerpalais wird heute als „Forum" für Veranstaltungen in der städtischen Volkshochschule genutzt.

Das 1938 modernisierte Rosenbad war mit seinem Terrassencafé einer der wenigen Orte, an denen man fern der NS-Ideologie seine Freizeit genießen konnte.

Die 1938 in der Reichspogromnacht zerstörte Synagoge in der Judengasse (heute: Am Stockhaus) war das religiöse Zentrum der jüdischen Gemeinde. Die Aufnahme mit Blick von der Mittelstraße in den „Judenberg" zeigt die Synagoge bei ihrer Erweiterung nach Westen 1927. ►

Nach 1933 nahm die Zahl der Mitglieder der zionistischen Hechaluz-Vereinigung, die für eine Einwanderung von Juden nach Palästina plädierte, stark zu. Die Aufnahme dieser Gruppe aus Fulda stammt von 1934.

Auch in Fulda wurde alljährlich der von der NSDAP ausgerufene „Tag des deutschen Handwerks" mit Umzügen und Kundgebungen begangen. Diese Szene zeigt Friseure beim Vorbeimarsch am Universitätsplatz im Jahr 1933.

◂ 1933 zählte die jüdische Gemeinde Fulda noch etwa 1.100 Mitglieder. Durch Ausgrenzung, Druck und Terror wurden die meisten in die Emigration gezwungen. Jene etwa 250 jüdischen Bürgerinnen und Bürger, die Fulda nicht rechtzeitig verlassen konnten oder wollten, wurden 1941/42 vom Fuldaer Bahnhof deportiert und in den Konzentrationslagern ermordet. Das Bild entstand im Dezember 1941.

Bei den Fliegerangriffen 1944 erhielt auch der Marstalltrakt des Stadtschlosses schwere Treffer.

Unmittelbar nach der nahezu vollständigen Zerstörung des Gemüsemarkts am 11./12. September 1944 hielt der Drogist Georg Steyer diese Szene fest.

5

Wiederaufbau und Neubeginn (1945–1960)

Schon fünf Wochen vor dem offiziellen Kriegsende am 8. Mai 1945 war mit dem Einmarsch von amerikanischen Truppeneinheiten am ersten Aprilwochenende der Krieg in Fulda beendet. Oberbürgermeister Danzebrink sorgte neben anderen dafür, dass die Stadt bis auf kleinere Scharmützel kampflos übergeben und damit vor der Zerstörung durch die Amerikaner bewahrt wurde. Im Juni enthob ihn die Militärregierung seines Amts und setzte mit dem Bankdirektor Erich Schmidt einen politisch unbelasteten Bürger an die Spitze der Stadtverwaltung. Schmidts Devise „Alles für Fulda", mit der er im Herbst 1946 eine große Spendenaktion zum Wiederaufbau der Stadt einläutete, wurde schon bald zum geflügelten Wort.

Die Probleme am Anfang waren gewaltig. Teile der Infrastruktur waren ebenso wie viele Wohngebäude zerstört oder schwer beschädigt, während zugleich seit Februar 1946 die ersten 1.200 Vertriebenen aus dem Sudetenland nach Fulda kamen. Die Stadt musste im hessenweiten Vergleich eine überproportional hohe Zahl von Flüchtlingen, Vertriebenen und Evakuierten aufnehmen.

Neben den logistischen Problemen musste auch eine demokratische Gesellschaft wiederaufgebaut werden. Nach der Neugründung der politischen Parteien im Herbst gab es 1946 wieder Kommunalwahlen und mit Cuno Raabe den ersten demokratisch gewählten Oberbürgermeister nach dem Krieg. Unter seiner Leitung kümmerte sich die Stadtverwaltung insbesondere um den Wohn- und den Schulbau. Mit dem Erwerb der Domäne Ziehers entstand zudem Platz für ein neues Stadtgebiet.

Dennoch war das Hauptproblem Fuldas, dass es als „Stadt ohne Raum" (so Cuno Raabe) kaum noch Platz für Entwicklungsmöglichkeiten hatte.

Unter dem nach Fulda geholten Oberbürgermeister Alfred Dregger trat 1956 eine tatkräftige Persönlichkeit ihr Amt an, die gewillt war, trotz relativ schwieriger Rahmenbedingungen die Stadt nach vorne zu bringen. Insbesondere im Bereich der Stadtentwicklung wurde in der „Ära Dregger" mit der Neugestaltung von zentralen Plätzen (Gemüsemarkt, Universitätsplatz und Busbahnhof Heertor) Wegweisendes geschaffen. Die im Fortschrittsglauben der späten Fünfzigerjahre geplante autogerechte Stadt kam aber glücklicherweise über die Planungsphase nicht hinaus.

Ein Bild voller Symbolik: Beim Einmarsch der Amerikaner fährt ein Militärjeep mit drei Soldaten den Lichtweg hoch. Vor den Kühler haben sie ein erbeutetes Bild Adolf Hitlers gestellt.

Abbruch des Europa-Hauses, vormals Amerika-Haus, in der Rabanusstraße im Oktober 1957.

Blick von der Kronhofstraße zur Hinterburg mit der Ruine des im Krieg weitgehend zerstörten Gasthauses „Hinterburg" im März 1953.

Zum 76. Deutschen Katholikentag war auch die Marktstraße Anfang September 1954 festlich geschmückt.

Drei Monate vor dem 76. Deutschen Katholikentag feierte Fulda 1954 das 1200-jährige Bonifatiusjubiläum. Das Großereignis hielt das Stadtplanungsamt auf Farbfilm fest. Oben die geschmückte Kaiserliche Reichspost am Platz Unterm Heilig Kreuz, unten ein Blick in die beflaggte Friedrichstraße.

Anlässlich des Bonifatiusjubiläums besuchte auch Bundeskanzler Konrad Adenauer Fulda. Hier wird er am Bahnhof von Oberbürgermeister Cuno Raabe und von Bischof Adolf Bolte abgeholt. Rechts der damalige Fuldaer Bundestagsabgeordnete und spätere Leiter der Bundesanstalt für Arbeit Anton Sabel.

Das nach der Kriegszerstörung neu errichtete Empfangsgebäude des Bahnhofs wurde zum Katholikentag festlich herausgeputzt.

◂ Auch eine italienische Delegation, hier auf ihrem Weg die Bahnhofstraße hinunter, nahm an dem Bonifatiusjubiläum teil.

1957 war Bundespräsident Theodor Heuss in Fulda zu Besuch. Hier wird er im Ehrenhof des Stadtschlosses von Oberbürgermeister Cuno Raabe empfangen.

Der Jazzclub Fulda bei einem Konzert im März 1958.

◄ Die Langebrücke vor ihrer vollständigen Erneuerung nach der Kriegszerstörung. Links im Bild die Behelfsbrücke für die Fußgänger. Diese Aufnahme stammt aus dem Jahr 1956.

Eine freundliche Einladung zum Besuch des Friseursalons Hartmann in der Friedrichstraße 11. Dieses Foto entstand 1954.

Durch einen 1:0-Sieg im Entscheidungsspiel gegen den VfB Friedrichshafen in Pforzheim stieg Borussia Fulda im Juni 1957 erstmals in die II. Liga Süd auf.

Drei Legenden des Fuldaer Sports sind auf diesem Bild aus dem Jahr 1955 gemeinsam abgebildet: der Boxer Harry Ting und die Motorradweltmeister Willi Faust und Karl Remmert (von links).

Dem zunehmenden Verkehr in der Schlossstraße mussten 1960 zwei Fensterachsen des Palais Altenstein weichen.

Nachdem man beschlossen hatte, einen neuen Busbahnhof neben dem Stadtschloss zu errichten, musste 1959 die Schlossgarage Auth, die das Heertor umbaut hatte, abgerissen werden.

Viel befahren war 1960 noch die Karlstraße zwischen Buttermarkt und „Bermuda-Dreieck".

Vor der Tankstelle und Raststätte „Fulda-Nord" in Lehnerz hatten sich um 1955 Lkw der Fuldaer Firma Herzig & Marschall für Werbeaufnahmen des Postkartenverlags Büttner (Paulusverlag) postiert.

Ebenfalls aus dem Bestand des Paulusverlags stammt diese Aufnahme des Autohauses Sorg in der Maberzeller Straße.

Über die erste Generation der „Gastarbeiter" erschien im August 1960 in der „Fuldaer Zeitung" eine Dokumentation. Zu diesem Zeitpunkt arbeiteten in Stadt und Landkreis 115 Ausländer. Auf dem Bild ist ein italienischer Arbeitnehmer zu sehen, der zunächst in der Landwirtschaft tätig war und dann von einer Fuldaer Baufirma angeworben wurde.

Der Bund der Katholischen Jugend der Pfarrei Sankt Elisabeth veranstaltete vor Weihnachten 1960 eine Sammelaktion für Spielsachen.

Kinderfasching in der Orangerie im Jahr 1958.

Für Werbezwecke ließen sich ausgewählte Gäste der „Europa-Bar" in der Haimbacher Straße ablichten. Das Foto entstand Ende der Fünfzigerjahre.

In der Kanalstraße 51 führte Wilhelm Schulz bis zu seinem Tod 1956 das gleichnamige Schirm- und Sporthaus.

Schaulustige beobachteten 1958 einen Dachstuhlbrand in der Ohmstraße.

6

Am Zonenrand (1961–1974)

Der Mauerbau am 13. August 1961 besiegelte für knapp drei Jahrzehnte Fuldas Randlage am „Eisernen Vorhang“. Abseits der großen Zentren und abgetrennt von seiner thüringischen Nachbarschaft musste in Fulda viel bewegt werden, um nicht den Anschluss an das Rhein-Main-Gebiet zu verlieren.

Andererseits machte sich auch hier das Wirtschaftswunder bemerkbar. Die Kaufhäuser expandierten, die ersten Fußgängerzonen entstanden und der Anschluss an die Autobahn A 7 im Jahr 1968 führte dazu, dass die Stadt nicht vom überregionalen Autoverkehr abgekoppelt wurde.

Auch die Kunstszene war teilweise alles andere als provinziell. Insbesondere der „Junge Kunstkreis“ sorgte dafür, dass die moderne Kunst hier ihren festen Platz in den Galerien und städtischen Ausstellungsräumen erhielt. Gleiches galt für die moderne Architektur, die von Oberbürgermeister Dregger gefördert wurde. Nicht immer zur Freude der Fuldaer Bevölkerung ließ der Oberbürgermeister bundesweit bedeutende Künstler wie Toni Fiedler, Georg Brenninger, Ewald Mataré und Fritz Koenig ebenso wie den Stararchitekten Sep Ruf nach Fulda holen, um hier Plastiken und Gebäude zu schaffen, die auf der Höhe der Zeit standen. Ähnliches gilt auch für das Bistum Fulda im Bereich des Kirchenbaus unter dem Diözesanbaumeister Rudolf Schick.

Dass sich die „Swinging Sixties“ in Fulda nicht in dem Maß zeigten wie in den Großstädten, darf nicht verwundern. Immerhin gab es eine kleine Club- und Jazzszene und die eine oder andere Demonstration gegen Springer und die Notstandsgesetze. Dass es in Fulda an einem kritischen Jugendpotenzial mangelte, lag vor allem daran, dass es in dieser Zeit keine Universitäts- und Studentenstadt war.

Im Dezember 1970 übernahm Wolfgang Hamberger von Alfred Dregger, der als Hoffnungsträger der CDU in die Landespolitik wechselte, das Amt des Oberbürgermeisters. Er hatte schon bald einen schweren Schlag zu verkraften, der ihn während seiner gesamten Amtszeit verfolgte, nämlich den Verlust der 1927 erreichten Kreisfreiheit. Immerhin brachte das Jahr 1972 mit der Eingemeindung von 24 Orten eine Kompensation für den drohenden Bedeutungsverlust der Stadt. Dadurch stieg die Einwohnerzahl von 45.000 auf 60.000.

Eine gewaltige Baugrube zeigte sich beim Kaufhausbau im Jahr 1962 zwischen der nicht mehr bestehenden Borgiasstraße (links) und der früheren Stadtschule, dem heutigen Museumsbau (rechts).

Größtes Ereignis des Jahres 1964 war für viele Fuldaer die Eröffnung des neuen Kaufhauses am Universitätsplatz. Karstadt hatte vorher sein Geschäft in der Friedrichstraße 1.

◂ Im August 1964 musste das Haus „Desch" am Borgiasplatz zwischen dem Patronatsbau und der Stadtpfarrkirche weichen.

Eher trist zeigt sich das Weihnachtsgeschäft auf diesem Foto aus dem Jahr 1961 in der Mittelstraße.

◂ Das 1880 errichtete Kaiserliche Reichspostamt am Platz Unterm Heilig Kreuz wurde 1969 abgerissen.

Im September 1961 wurde der völlig neu gestaltete Gemüsemarkt eröffnet, der nach den Kriegszerstörungen 1944 lange Zeit ein Ruinengrundstück gewesen war. Für den zu dieser Zeit als vermisst geltenden Harstallbrunnen hatte der renommierte Bildhauer Professor Toni Fiedler (Bild unten zusammen mit OB Alfred Dregger) ein modernes Werk geschaffen. Schon zur Eröffnung als „Spucknapf des Oberbürgermeisters" verspottet, wanderte der ungeliebte Brunnen 1972 an den Simpliziusbrunnen und steht heute in Neuenberg.

Belebt waren die Straßen der Stadt am Ostersamstag des Jahres 1962, wie hier vor der Stadtpfarrkirche.

Vier italienische Polizisten aus der Partnerstadt Como weilten im Rahmen eines Austauschs mit vier Fuldaer Kollegen im Mai 1961 in Fulda und regelten, wie hier an der Ecke Mittelstraße / Karlstraße, den Verkehr.

Ein Bild wie aus einem Film Noir gelang 1962 dem Fotografen Hubert Weber an der Magdeburger Straße.

Verabschiedung von Missionsschwestern der Vinzentinerinnen vor dem Mutterhaus in der Kanalstraße im Jahr 1962.

Die Ehrengäste bei der Einweihung des Hallenbads am Heinrich-von-Bibra-Platz im Mai 1968.

◄ Ein andächtiger Moment bei der Fronleichnamsprozession 1968.

Das Alte Rathaus wurde 1969 nach den Plänen von Ernst Kramer restauriert. Die Rekonstruktion des Dachstuhls mit den auf alten Stadtansichten erkennbaren Erkern war bereits damals umstritten.

Die Galerie Junge Kunst, ursprünglich in der Kanalstraße beheimatet, verlegte ihr Domizil in die alte Winfriedschule am Heinrich-von-Bibra-Platz.

Der Sänger Barry Ryan gab 1971 ein Konzert in Fulda und posierte danach vor der Hauptwache.

Der Boom, den die vier Pilzköpfe aus Liverpool namens Beatles auslösten, erreichte zwei Jahre nach deren ersten Erfolgen auch Fulda. Hier eine Aufnahme von einem Schlagerfestival des Jahres 1964.

Im einstigen Kellergefängnis der Hauptwache hatten in den Sechzigerjahren Fuldas Jazzer eine Bleibe gefunden. Im „Oxidyll“ durfte sich so mancher, wie hier im Juli 1964, am Hillbilly-Klavier versuchen.

Die spanischen „Gastarbeiter“ Fuldas trafen sich regelmäßig in der Ohmstraße. Die Aufnahme stammt vom Februar 1974.

Einen Hauch der 68er-Revolte gab es auch in Fulda. Zum 1. Mai 1968 wurden von der Gewerkschaftsjugend vor dem Bahnhof Transparente gegen das „Meinungsmonopol" der Springer-Presse und gegen die Notstandsgesetze hochgehalten.

Reizfigur für die Studentenbewegung war neben Axel Springer auch wegen seiner NS-Vergangenheit Bundeskanzler Kurt Georg Kiesinger, der bei einem Wahlkampfauftritt zur Bundestagswahl 1969 im Stadtschloss empfangen wurde. Hier fährt seine Staatslimousine in den Schlosshof ein.

Bundeskanzler Willy Brandt hatte zur Bundestagswahl 1972 einen Auftritt auf der Ochsenwiese. Das Bild zeigt ihn mit dem SPD-Bundestagsabgeordneten Günter Wuttke. Hinter den beiden ist in der Bildmitte Günter Guillaume zu erkennen, dessen Agententätigkeit den Kanzler 1974 zum Rücktritt zwang.

Wolfgang Hamberger wurde im Dezember 1970 zum fünften Fuldaer Oberbürgermeister der Nachkriegszeit gewählt. Einer der ersten Gratulanten war Stadtbaurat Hans Nüchter.

7

Fulda-Gap und Mauerfall (1975–1989)

Die Jahre vor dem welthistorisch bedeutsamen Ereignis des Falls der Mauer sind aus Fuldaer Sicht als sehr wechselhaft zu charakterisieren. Zum einen litten die Stadt und ihr Umland nach wie vor an der innerdeutschen Grenzlage. Eine dynamische Stadtentwicklung war angesichts der schwierigen Rahmenbedingungen nur schwer möglich. Dieser Trend spiegelte sich in sinkenden Einwohnerzahlen wider, nämlich von 60.000 (1980) auf 56.000 (1989).

Zudem wurde durch ein 1977 in den USA erschienenes Spiel „Fulda Gap. The First Battle of the Next War" der Blick darauf gelenkt, dass man in Fulda und Osthessen beim Ausbruch eines Kriegs zwischen den Blöcken in besondere Gefahr kam. Nach Ansicht vieler war es offenbar ausgemachte Sache, dass die Sowjetunion bei einem Angriff auf den Westen das Fuldaer Becken als Einfallstor in das Rhein-Main-Gebiet nehmen und sich demzufolge hier die ersten Kämpfe ereignen würden. „Fulda Gap" galt insbesondere bei der Friedensbewegung als Synonym für die Militarisierung des Landes und die Gefahren der „Nachrüstung" der NATO gegen die großen Waffenarsenale des Warschauer Pakts. Die Manöver sowie die Gegendemonstrationen sind daher in der Rückschau für viele eine prägende Erfahrung der Achtzigerjahre.

Andererseits entwickelte sich Fulda durch wegweisende Entscheidungen in der Amtszeit des Oberbürgermeisters Hamberger trotz der Rückkreisung zu einem Oberzentrum, das weit in das Umland ausstrahlte. Dies galt für die auf eine neue Grundlage gestellten Kultureinrichtungen wie das Schlosstheater, die Volkshochschule und die Musikschule und das Vonderau Museum ebenso wie für den 1975 fertiggestellten Neubau des Klinikums, das der Stadt und der Region eine Maximalversorgung zukommen ließ. Gegen einige Widerstände wurde auch der ICE-Bahnhof Fulda an der Schnellbahnstrecke von Würzburg nach Hannover mitten in die Stadt geholt, eine Entscheidung, die in ihren positiven Auswirkungen nicht hoch genug einzuschätzen ist.

Am Ende des mit großen Befürchtungen vor einem Atomkrieg begonnenen Jahrzehnts siegte die Vernunft und die Kraft einer friedlichen Revolution in der DDR. Der Fall der Mauer war auch für Fulda und seine weitere Entwicklung ein großes Geschenk.

Das bischöfliche Konvikt in der Schulstraße kurz vor seinem Abbruch 1975.

Zur Fassadenreinigung und neuen Schieferdeckung der Turmhelme wurde der Dom im Frühjahr 1985 eingerüstet. ►

Auf Einladung der Stadt kamen 1987 die Überlebenden und Nachfahren der jüdischen Gemeinde Fuldas zusammen, um auf dem neuen jüdischen Friedhof an den Gräbern ihrer Vorfahren zu beten und in ihrem Beisein das neue jüdische Gemeindezentrum an der Von-Schildeck-Straße zu eröffnen.

Eine ungewöhnliche Werbung für einen Science-Fiction-Roman war 1987 auf dem Kaufhaus Karstadt zu bestaunen.

Bei der Einweihung des Centhofs im Dezember 1985 sang der Knabenchor des Marianum.

Beim Herbstmanöver 1983 bezog ein Panzer Stellung vor dem Gasthaus „Marmorsäle" in Sickels.

◂ Beim ersten Besuch eines Papstes in Fulda seit knapp 1.000 Jahren betete Papst Johannes Paul II. im November 1980 am Grab des Heiligen Bonifatius.

Großkundgebung der Friedensbewegung im Herbst 1984.

Nicht überall stießen 1984 die Proteste der Friedensbewegung auf Gegenliebe. Insbesondere von älteren Bürgerinnen und Bürgern bekamen die überwiegend jungen Demonstranten zu hören „Geh doch rüber!".

Was diese Rentner im März 1977 am Buttermarkt zusammenführte, lässt sich nicht mehr ermitteln. Der Fotograf Hubert Weber war immer auf der Suche nach ungewöhnlichen Straßenszenen.

Einweihung der Fußgängerzone in der Marktstraße im Oktober 1975.

Zur hessischen Landtagswahl 1978 gab es mit dem CDU-Vorsitzenden Helmut Kohl Wahlkampfunterstützung von außen. Im September sprach er bei einer Kundgebung auf dem Universitätsplatz. Hinter ihm, auf dem Weg zum Podium, seine Ehefrau Hannelore.

Kohls langjähriger Widersacher Franz-Josef Strauß kam als Kanzlerkandidat der Union im September 1980 nach Fulda. Hier sprach er vor mehr als 5.000 Anhängern im Schlossgarten. An der Floravase wurde er von Alfred Dregger begrüßt.

Modenschau bei Erna Schneider im Jahr 1980.

Geradezu prophetisch war der 1978 im Kino erschienene Film „Die Hamburger Krankheit", der zum Teil in Fulda mit vielen heimischen Statisten gedreht wurde. Thema war das allgemeine Chaos nach dem Ausbruch einer tödlichen Krankheit.

Jahrzehntelang war Martin Angelstein als Kameramann und Journalist eine Institution in der Presse- und Fernsehlandschaft. Sein Fotografenkollege Hubert Weber porträtierte ihn 1980 bei einem von Angelsteins unkonventionellen Einsätzen.

Der evangelische Damenclub traf sich regelmäßig im Stift Wallenstein. Hier eine Aufnahme aus dem Jahr 1982.

Große Enttäuschung, wie hier unter den Gästen der „Windmühle", herrschte im Juli 1982 bei dem mit 1:3 verlorenen WM-Finale gegen Italien.

Entgegen den Befürchtungen kam es anders. Nach dem Fall der Mauer im November 1989 kamen keine russischen Panzer, sondern Trabis und Wartburgs nach Fulda.

8

Im geeinten Deutschland (1990–2000)

Die rasche Wiedervereinigung schuf die Grundlage dafür, dass Fulda fast über Nacht in die Mitte eines geeinten Landes rückte. Durch die Grenzöffnung und den Zuzug der Russlanddeutschen stieg die Einwohnerzahl von 57.000 (1990) auf 63.000 (2000), immerhin eine Steigerung von mehr als 10 Prozent.

Einige Großereignisse wie der Hessentag des Jahres 1990, die erste hessische Landesgartenschau 1994 und das im gleichen Jahr gefeierte 1250-Jahr-Jubiläum gaben der Stadt Gelegenheit, als Gastgeber von Großereignissen ihr neu gewonnenes Selbstbewusstsein zu zeigen.

Vor allem der Tourismus und die sich an die neuen Gegebenheiten anpassende Gastronomie und Hotellerie sorgten dafür, dass Fulda immer mehr zu einem Anziehungspunkt für den Fremdenverkehr wurde.

Die positive äußere Entwicklung, die viele schon als Anbruch einer friedvollen und goldenen Epoche in der Weltpolitik ansahen, hatte fast notwendigerweise zur Folge, dass die amerikanischen Truppen, die hier seit 1945 stationiert waren, ihre Mission als beendet ansahen und Fulda verließen. Für viele war ihr Abschied ein wehmütiger und nachdenklicher Moment, der deutlich machte, dass nun ein neues internationales Zeitalter angebrochen war.

Das verlassene Areal des Hubschrauber-Landeplatzes Sickels sollte schon bald zur Grundlage des neuen Stadtteils „Fulda-Galerie“ werden. Fuldas neuer Oberbürgermeister Alois Rhiel, der im August 1998 Hamberger im Amt nachgefolgt war, stellte im September 1999 hierzu die ersten Pläne vor. „Fuldas Zukunft im Westen“ hieß ein in diesem Zusammenhang produzierter Film, der die Zielrichtung für die nächsten Jahre klar beschrieb.

Einweihung des Bahnhofs Fulda im Mai 1991. Oberbürgermeister Hamberger erhielt vom Direktor der Bundesbahndirektion Frankfurt Jürgen Kastner symbolisch den Schlüssel.

Hessens erste Landesgartenschau fand vom 29. April bis zum 3. Oktober 1994 statt und lockte etwa 800.000 Tagesgäste an.

Eröffnung des 30. Hessentags am 1. Juni 1990 auf dem Universitätsplatz. Vorne links das Hessentagspaar Birgit und Bertram Stitz, danach Landrat Fritz Kramer. Vorne rechts Stadtverordnetenvorsteher Heinrich Gellings mit Ehefrau Sigrid, daneben Ministerpräsident Walter Wallmann.

Im September 1994 gab es eine Lasershow anlässlich von Fuldas 1250. Jubiläum.

Einholung der amerikanischen Flagge durch das 11. US-Panzeraufklärungsregiment in den Downs Barracks an der Haimbacher Straße. Diese Aufnahme entstand 1993. ►

Bis Ende Mai 2001 war die Bahnhofstraße 25 mit den Streitz-Kinos ein wichtiger Bestandteil der Fuldaer Abendunterhaltung, wie hier im Juni 1992.

Spätestens seit den Achtzigerjahren hatte die italienische Küche auch Fulda fest im Griff. 1998 gab es allein 20 Pizzerien in der Stadt. Antonia Arresta im „Vini e panini" in der Marktstraße (oben) und Nicola Tedesco (unten rechts), seit 1986 Inhaber der „Tomate" in der Heinrichstraße, konnten sich über mangelnde Kundschaft nicht beklagen.

Seit 1990 hatte die Stadt Fulda mit Hildegard Hast (zweite von links) ihre erste Frauenbeauftragte. Sie organisierte ein Jahr darauf die erste Fuldaer Frauenwoche. Das Foto zeigt die Eröffnung der 7. Frauenwoche 1997 in der Alten Universität.

Zur Eröffnung des „Museumskellers" im Juli 1992 spielte auch „Janek's Band" mit Horst „Janek" Jahn am Piano und George Wagner (Mitte) an der Gitarre.

Plakate zur Bundestagswahl 1994 stießen zumindest bei diesen drei Herren am Universitätsplatz auf kein Interesse.

Die von Wolfgang Hamberger 1993 ins Leben gerufene Reihe „Literatur im Stadtschloss“, in der sich in den letzten drei Jahrzehnten das „Who is who“ der deutschen Literatur präsentierte, konnte bei ihrer zweiten Auflage 1994 mit Wolf Biermann einen mitreißenden Autor und Musiker nach Fulda locken.

Schon lange bevor der Fuldaer Künstler Franz Erhard Walther mit dem „Goldenen Löwen“ in Venedig geehrt wurde, gab es mit Kulturamtsleiter Werner Kirchhoff (links) und Oberbürgermeister Hamberger zwei wichtige Fürsprecher, die Walthers Kunst – wie hier bei einer Ausstellungseröffnung 1991 im Vonderau Museum – in Fulda förderten.

Angela Merkel wurde 1993 als Bundesministerin für Frauen und Jugend im Fuldaer Stadtschloss von Oberbürgermeister Wolfgang Hamberger und seiner Ehefrau Liselotte empfangen.

Machtwechsel in Fulda durch Übergabe der Amtskette: Mit Vollendung seines 68. Lebensjahres musste Wolfgang Hamberger (rechts) nach den Bestimmungen des hessischen Kommunalrechts im August 1998 sein Amt aufgeben. Bei der Wahl seines Nachfolgers setzte sich Alois Rhiel (links) mit 65 Prozent der Stimmen gegen seinen Hauptkonkurrenten Josef Dehler durch.

Chronik

1900	Gründung der Fuldaer Gummiwerke.
1905	Auf dem heutigen Universitätsplatz wird das Denkmal für Kaiser Friedrich III. enthüllt. Nach einem Feuerwerk brennt der nördliche Domturm aus.
1912	Die Überlandwerk AG (ÜWAG) wird gegründet und Fulda an das elektrische Stromnetz angeschlossen.
1914	Fulda hat 23.226 Einwohner.
1914–1918	Im Ersten Weltkrieg fallen etwa 500 Soldaten aus Fulda.
1918	Im November übernimmt kurzfristig ein Arbeiter- und Soldatenrat die Macht. Große Volksversammlung am 13. November im Schlosshof.
1919	Gründung des Zweckverbands Überlandwerk Fulda-Hünfeld-Schlüchtern.
1922	Gründung der Winfriedschule (früher: Aufbauschule).
1925	Gründung einer Ortsgruppe der NSDAP (Vorsitzender Karl Ehser).
1925	Fulda zählt 19.034 Katholiken, 5.915 Protestanten und 1.122 Juden.
1927	Fulda wird kreisfreie Stadt.
1928	Eingliederung des Gutsbezirks Ziehers in die Stadt Fulda.
1930	Durch das preußische Konkordat kommt das Bistum Fulda zur Kirchenprovinz Paderborn, gibt einige Pfarreien in Frankfurt an die Diözese Limburg ab und erhält die Dekanate des Bischöflichen Kommissariats Heiligenstadt und das Dekanat Erfurt.
1930	Franz Danzebrink wird Oberbürgermeister und bleibt bis Juni 1945 im Amt.
1930	Bau der Landesbibliothek am Heinrich-von-Bibra-Platz.
1933	Bei den Wahlen für Reichstag und Stadtverordnetenversammlung erreichen die Nationalsozialisten knapp 25 Prozent der Stimmen. Die Zentrumsmitglieder werden aus dem Magistrat gedrängt. Karl Ehser (NSADP) bestimmt als Beigeordneter und als Bürgermeister (seit 1934) fortan die Kommunalpolitik wesentlich mit. Umbenennung des Friedrichsmarkts (Unterm Heilig Kreuz) in Adolf-Hitler-Platz. Ehrenbürgerwürde für Hitler und Hindenburg.
1934	Gründung der Fuldaer Karnevalgesellschaft.
1934–1935	Bau der Martin-Luther-Kirche.
1936	Bau der Bleidorn-Kaserne an der Leipziger Straße und der Konstantin-Kaserne am Gallasiniring.
1938	In der sog. Reichspogromnacht wird die Synagoge durch nationalsozialistische Brandstifter zerstört.
1939	Horas und Neuenberg werden zwangsweise in die Stadt eingemeindet.
1940	Vertreibung der Franziskaner vom Frauenberg.

1941/42 Deportation von etwa 250 jüdischen Bürgerinnen und Bürgern aus der Stadt Fulda. Knapp 1.000 Juden waren zuvor schon ins Ausland emigriert.

1944 Im nationalsozialistischen Stil wird die 1200-Jahr-Feier begangen. Beim ersten größeren Bombenangriff (11. September) werden besonders die Bereiche Gemüsemarkt, Barockviertel und Bahnhof getroffen; es gibt 276 Tote. Weitere Angriffe folgen. Insgesamt sind bei Kriegsende 1.586 Bombenopfer, 1.208 Gefallene, etwa 900 Vermisste und die totale oder teilweise Zerstörung von 1.505 Gebäuden zu beklagen.

1945 An Ostern (1./2. April) wird Fulda von amerikanischen Truppen besetzt und ist fortan Garnison eines amerikanischen Regiments.

1946 Mit Cuno Raabe (1888–1971) wird ein gebürtiger Fuldaer, ein Mann aus dem Widerstand gegen Hitler, Oberbürgermeister bis 1956. In diesem und den folgenden Jahren nimmt die Stadt etwa 4.000 Flüchtlinge und Heimatvertriebene auf.

1950 Fulda wird Sitz des Deutschen Evangelischen Kirchentags.

1951 Der Bundesgrenzschutz bezieht die Kaserne in der Leipziger Straße. Die Magdeburger Versicherung baut ihren Hauptsitz in Fulda.

1954 Anlässlich des 1200. Todestags des Heiligen Bonifatius findet der 76. Deutsche Katholikentag in Fulda statt.

1955 Fulda übernimmt die Patenschaft für die aus ihrer schlesischen Heimat vertriebenen Oberglogauer.

1956 Alfred Dregger (1920–2002) wird Oberbürgermeister (bis 1970).

1957 Die Berliner Straße (B 27) wird als Umgehungsstraße zur Innenstadt gebaut.

1960 Der neue Omnibusbahnhof beim Stadtschloss wird in Betrieb genommen.

1961 Fulda übernimmt die Patenschaft für die Vertriebenen aus der sudetendeutschen Stadt Leitmeritz.

1970 Oberbürgermeister Alfred Dregger wechselt in die große Politik. Sein Nachfolger (bis 1998) wird Wolfgang Hamberger.

1972 Eingliederung von 24 Gemeinden in das Gebiet der Stadt Fulda.

1974 Verlust der Kreisfreiheit. Gründung der Fachhochschule.

1990 Der 30. Hessentag findet in Fulda statt.

1993 Das 11. Amerikanische Panzeraufklärungsregiment verlässt Fulda.

1994 1250. Kloster- und Stadtjubiläum. Fulda führt die erste hessische Landesgartenschau durch.

1998 Wechsel im Amt des Oberbürgermeisters. OB Wolfgang Hamberger übergibt die Amtsgeschäfte an Alois Rhiel.

Bildnachweis

Alle Fotos sind im Stadtarchiv Fulda verwahrt.
Foto Büttner: S. 72;
Foto Christoph Krackhardt: S. 99-100;
Foto Erich Gutberlet: S. 98;
Foto Erwin Witzel: S. 95;
Foto Hubert Weber: S. IV, 4, 7, 8, 60 unten, 64, 66 oben, 67, 68, 69 oben, 70–71, 73, 74, 76 unten, 78–92, 94, 97, 101–103, 104 unten, 105, 106, 108, 109, 112–115, 116 unten, 117 oben, 120;
Foto Volker Feuerstein: S. 2;
NL 123 Klein & Stiefel: S. 30 oben, 45 unten;
NL 172 Nikolaus Weber: S. 10 unten;
Archivakte XVIII f 50: S. 24;
Archivakte XIX E 23: S. 34.

Viele Besucher säumten die Straßen, als im Juni 1961 der Apostolische Nuntius Corrado Bafile anlässlich des Bonifatiusjubiläums in Fulda begrüßt werden konnte.